Collection
« Petite philosophie du voyage »

Marc Tardieu

LA SÉRÉNITÉ DE L'ÉVEIL

*Petit parcours initiatique
sur les chemins du bouddhisme*

Né en 1959, Marc Tardieu a fait de l'écriture son activité principale. C'est en consacrant un livre à son grand-père bougnat qu'il développe son intérêt pour l'histoire et la vie quotidienne des communautés de provinciaux – Auvergnats, Bretons – à Paris. Par la suite, il rédige plusieurs ouvrages sur les immigrés métropolitains (africains, antillais), dont la condition l'a toujours préoccupé. À l'âge de 22 ans, il s'est converti au bouddhisme et, depuis, cette religion sert de cadre à ses engagements. Il s'adonne aussi à la traduction de ses textes fondateurs et y trouve une inspiration qui nourrit son univers littéraire.

Il est notamment l'auteur de nombreux romans et documents aux Éditions du Rocher : *Procès d'un négrier* (2007), *Les Africains en France de 1914 à nos jours* (2006), *Généalogie d'un métis* (2006), *Les Antillais à Paris* (2005), *Les Alsaciens à Paris de 1871 à nos jours* (2004), *Les Bretons à Paris de 1900 à nos jours* (2003), *Le Bal de la rue de Lappe* (2002), *Les Auvergnats de Paris* (2001), *Le Bougnat* (2000) ; ainsi que d'une biographie de *Péguy* (Julliard, 1993) et d'entretiens avec Jean-Claude Renard intitulés *Quand le poème devient prière* (Nouvelle Cité, 1987).

À tout moment, je m'interroge : « Comment puis-je permettre aux êtres vivants d'accéder à la voie inégalée et d'acquérir rapidement le corps d'un bouddha ? »

Bouddha, *Le Sūtra du Lotus*
(Les Indes savantes, 2007).

Une immense statue du Bouddha couché sur le flanc droit, tourné vers l'ouest. Une longue couverture safran enveloppe le corps, n'offrant au regard que le visage et les pieds où l'on distingue l'empreinte de la roue de la Loi. Autour de cette statue surélevée, des pèlerins s'agenouillent. Nous sommes à Kushinagar, le lieu du parinirvāna, de l'extinction, l'endroit où, selon les textes, le Bouddha quitta cette vie, dans un bosquet d'arbres *sal*. Deux mille cinq cents ans plus tard, je me joins à la procession qui tourne autour de la statue dorée du Ve siècle, de plus de 6 mètres de long. L'Honoré-du-monde, le Bienheureux, l'Ainsi-Venu, le Vénéré-des-cieux... Il y a dans le regard mi-clos une lumière qui rappelle la Joconde. N'a-t-on pas prétendu, d'ailleurs, que le sourire de Mona Lisa évoquait celui du Bouddha ?

Je suis parvenu sur ce site au terme d'un pèlerinage pédestre de plus de 220 kilomètres, et une autre question me traverse l'esprit : cette statue est-elle ma récompense, le but de ma longue marche entre Vaishālī, où le Bouddha prononça son ultime sermon, et Kushinagar, où il rendit son dernier soupir ?

Le vide me paraît plus propice à l'imagination, et mon regard se pose sur un vaste monument blanc, surmonté d'une coupole, à quelques pas de là, qui contiendrait dans ses fondations une poignée de cendres de l'Ainsi-Venu. Je me suis forgé ma propre image du Bouddha après vingt-huit années de pratique de sa Loi, de marche sur la voie qu'il entendait partager avec l'humanité. Le Bouddha tel que je l'imagine est moins sacré que celui des Indiens, moins chargé de symboles aussi. Il n'a pas la couleur de l'or, je ne lui prête pas les trente-deux caractéristiques majeures et les quatre-vingts caractéristiques secondaires d'un Bienheureux : pas de lumière irradiant de tout le corps, ni cette immense taille, que la statue dorée entend probablement imiter. La légende rapporte que, même en levant les yeux, on ne pouvait apercevoir le sommet de son crâne. Ce Bouddha irréel, surdimensionné, tout imprégné de rêves, naquit probablement ici, sur le lieu de son trépas, peut-être le jour même de sa disparition. On le grandit dans son silence, contre son gré ; on oublia qu'il avait même prétendu ne pas diriger la communauté bouddhiste. À en croire ses derniers propos, il n'en était qu'un membre parmi d'autres. Et cette sentence sans appel : « Il faut suivre la Loi, non la personne. » Oui, mais qu'est cette Loi merveilleuse, mystérieuse, cette Loi de la vie, sans celui qui la véhiculait ?

En ce jour historique du trépas, des consciences basculent, bon nombre de trahisons latentes s'affichent sans crainte. Un vieux moine exulte, comme libéré d'un poids, tant il s'était senti écrasé par la dimension spirituelle du maître. Enfin, libre ! C'en est fini de ses exigences sans limites, de cet éternel dépassement de soi vers lequel conduisait le Bouddha. Voici venir la vie paisible.

Contre ce type de réaction, ce ramollissement immédiat de la foi, ils vont être cinq cents à se rassembler, avec la détermination de conserver, intacte, l'image du maître. Lors de cette réunion appelée Premier Concile, ils récitent un à un, méticuleusement, tous les enseignements transmis par le Bouddha, s'accordent sur leur contenu, puis les répètent en chœur, les gravent dans leur vie, au fond de leur chair, pour la postérité. Ce sont ces disciples qui ont édifié la grandeur de leur maître. Sans eux, son image n'aurait pas survécu au temps, traversé les paysages, franchi la mer du Japon et les sommets de l'Himalaya, baigné de son éclat l'Inde entière, mais aussi le Sri Lanka, la Thaïlande, la Birmanie, le Laos, le Cambodge, le Vietnam, tant d'autres terres encore. Sans eux, je ne serais pas à Kushinagar, en ce 13 décembre 2009, que je baptise « jour de rencontre avec le Bouddha ».

Comment, à partir de ce lieu précis, la sagesse de l'Éveillé a-t-elle pu s'envoler comme un oiseau dans le monde entier ? Comment l'Occident lui-même, curieux de ce personnage insolite, auréolé d'Orient, a-t-il pu accueillir ne serait-ce que des bribes de son enseignement dans sa propre culture au point de se vouloir zen et de se préoccuper parfois de quête du nirvāna ? Qui êtes-vous, Lord Bouddha, pour nous séduire au loin, des siècles après ? Quel est donc le secret de votre irrépressible sourire ?

Je ne saurais reconstituer exactement le premier souvenir que j'ai de vous. Il me semble que vous fûtes absent de mon enfance. Peut-être le poids de mes angoisses y était-il trop prononcé : si je vous avais alors rencontré, je me serais sans doute détourné, comme quelqu'un qu'éblouit l'éclat brutal du soleil. Mon image de référence était plutôt le Christ sur la croix. Il me semblait que le seul fait de vivre impliquait une dimension sacrificielle. En tant qu'Occidental, je bénéficiais pourtant de conditions plutôt favorables, notamment sur le plan matériel, par rapport à bon nombre de mes contemporains. Jamais ma vie n'est tombée sous le seuil de pauvreté. Des accouplements de mots se forgèrent assez naturellement dans mon esprit : faim/manger, fatigue/dormir, maladie/médecin ; alors que tant d'autres, sur cette planète, ne goûtent qu'aux premiers de ces termes. Carence matérielle des pays pauvres, vide spirituel des pays riches, ce sont là des poncifs largement rebattus et pourtant, il me faut bien expliquer par là ce qui me mena vers vous.

Mais d'abord j'ai cessé d'être chrétien, durant mon adolescence, sans que je puisse en expliquer la raison. L'influence de professeurs, souvent marxistes ou marxisants et quasi exclusivement athées dans cette banlieue nord de Paris où j'ai grandi ? Toujours est-il qu'un jour Dieu a quitté mon crâne. Je me souviens de cette cour de lycée où nous nous employions à deux ou trois à détourner l'un de nos camarades qui se disait chrétien de ce que nous qualifiions de chimère. Nous ne parvînmes jamais à ébranler sa conviction solidement établie mais, en ce qui me concerne, j'allais ainsi jusqu'au bout de mon athéisme. On m'aurait alors conté la vie du Bouddha que j'y aurais probablement perçu un autre Dieu et l'aurais traité de la même façon. Ni Dieu ni maître pouvait se décliner à l'infini. Ni Allah, ni Bouddha. Ni Marx, ni Proudhon. Je m'enveloppais dans une tranquille négation qui me semblait un vêtement confortable. Tout en pratiquant le thèse-antithèse-synthèse des devoirs scolaires, je m'enfermais, sitôt revenu en moi-même, dans la seule antithèse. Précisons ici que j'appartenais à ce qu'on appelle la « Bof génération », celle qui eut 20 ans à la fin des années 1970 ou au début des années 1980.

C'est quelques années plus tard que j'ai rencontré le bouddhisme. Sans doute cherchais-je alors l'intensité d'un engagement, un idéal, une réparation intérieure aussi, car les nuages sombres du scepticisme avaient fini par ternir mes rêves d'enfance et je ne me voyais plus vraiment de raison d'être. Une question accompagnait chacun de mes pas : à quoi bon ? Le Bouddha me fut d'abord présenté comme un médecin de la vie, révélateur du pouvoir de la prière et de la foi. Lui aussi, en son temps, appartenait à une sorte de « Bof génération ». Le brahmanisme ancestral, avec ses dieux et ses castes, ne faisait plus tout à fait autorité. Des maîtres nihilistes pénétraient dans la brèche des croyances et proposaient des enseignements contradictoires, les uns niant l'esprit et les autres la chair, certains prétendant que rien n'avait de sens tandis que d'autres affirmaient que tout étant déjà tracé et planifié, l'être humain n'avait plus qu'à suivre le fil d'une destinée imposée.

Aux incertitudes spirituelles de l'époque s'ajoutèrent pour lui les doutes quant à son propre sort. Né dans le nord de l'Inde (dans l'actuel Népal), ce fils de roi était appelé à succéder à son père mais le petit royaume des Shākya semblait si fragile, au regard des appétits des royaumes voisins, que son avenir même paraissait teinté de sombres nuages. Pourtant, dans son palais, Shākyamuni, tel qu'on le nomma par la suite, c'est-à-dire le « sage de la tribu des Shākya », reçut le meilleur enseignement, goûta les plats les plus savoureux. Il portait des vêtements de soie et vivait entouré de servantes et de musiciens chargés de le distraire. Pourquoi fallut-il alors qu'il s'échappât, à quatre reprises, par les quatre portes, nord, sud, est et ouest de son palais, pour se confronter aux quatre formes de souffrance inhérentes à la vie, maladie, vieillesse, mort, et la naissance, qui engendrait les trois autres ? Il se maria pourtant avec l'une de ses cousines, Yashodharā, dont il eut un fils, Rāhula, et son père, rassuré, crut alors que le prince marcherait indubitablement sur ses pas. Certes, il avait bien conscience que ce jeune homme svelte, dont la naissance avait provoqué la mort de sa mère, la reine Māyā, était singulièrement taciturne ; mais les années passant, dans la gloire de son règne, il saurait sans doute faire surgir la volonté et l'énergie qu'on attend d'un monarque.

Le malheureux père en était encore là de ses rêves que le fils avait déjà quitté la ville, en compagnie d'un serviteur, sur son meilleur cheval. Il entendait régner, non point sur un royaume, mais sur les forces du mal qu'il sentait s'agiter en lui, sur ses tourments et ses douleurs, liés aux quatre souffrances : naissance, maladie, vieillesse, mort... des épreuves majeures auxquelles nul ne peut se soustraire. Une fois sorti de son royaume, le futur Bouddha se coupa les cheveux et renvoya son serviteur auprès de son père avec ce message : il partait en quête de l'éveil et ne reviendrait qu'après avoir atteint ce but.

Très vite, les maîtres qui le prirent sous sa coupe dans le royaume voisin du Magadha découvrirent en lui une volonté, une exigence hors du commun. Il alla jusqu'aux extrêmes limites de l'ascèse, jeûnant à l'infini, brûlant sa peau au soleil, expérimentant toutes les peines terrestres, et il nous faut dresser ici un autre portrait : un homme squelettique, au visage émacié, à peine porté par ses jambes, au-dessus duquel les vautours rôdent déjà.

La barbe est longue, le corps sale. Peut-être ressemblait-il un peu à ce Mahāvīra, son contemporain, maître dans l'art des austérités et figure centrale du jaïnisme, qui allait partout nu convertir des adeptes à sa misère rayonnante. Mais le Bouddha comprit à temps que cette mortification de la chair ne le conduirait qu'à la mort. Il s'en va alors prendre un bain purificateur dans la proche rivière Nairanjanā. Touchée par son extrême maigreur, une jeune fille qui passait par là lui offre un gruau de riz. Premier repas depuis bien longtemps. Shākyamuni remercie et, ragaillardi, s'enfonce dans la forêt sombre aux arbres puissants. Il s'assied au pied de l'un d'eux, un immense figuier aux multiples ramifications. Nouvelle pose, nouveau portrait qui, celui-là, va traverser les siècles : le buste est droit, les jambes croisées, les mains posées l'une sur l'autre, paumes dirigées vers le haut. C'est la pose de l'Éveil, la posture de l'Illumination. La naissance d'une nouvelle religion. Ce jour-là, à l'aube, le prince devient enfin bouddha.

Je me suis rendu sur le lieu de l'éveil, à Bodhgaya, où les pèlerins viennent aujourd'hui du monde entier. On y a planté un descendant du fameux figuier sous lequel le Bouddha médita, appelé désormais arbre de la *bodhi*. Dans le temple de la Mahabodhi, adossé à l'arbre sacré, une statue dorée du Bouddha reçoit silencieusement les offrandes de fruits et d'encens. D'autres éléments sont offerts à la dévotion des croyants, telle cette immense empreinte de pied creusée dans la pierre, également attribuée au Bouddha. Le premier des géants humains ne saurait, loin de là, prétendre à une empreinte aussi démesurée. C'est ici encore un personnage surnaturel qui s'offre à notre admiration mais mon rationalisme d'Occidental résiste. L'image du Bouddha parvenue jusqu'à moi est autre, auréolée de foi sans doute mais aussi cernée par la science : l'inlassable labeur des historiens et des orientalistes, les fouilles des archéologues, tel lord Cunningham qui, au XIXe siècle, mit au jour les vestiges des lieux où vécut le grand homme, apportant ainsi la preuve, si besoin était, qu'il ne s'agissait pas d'un personnage légendaire mais bien d'un être réel. Je l'imagine aujourd'hui devant moi, au pied de l'arbre de la *bodhi*, au terme de sa longue méditation.

Mon voyage au pays du Bouddha m'inscrit, je le sais, dans une longue lignée d'Occidentaux en quête de l'Orient. Du reste, si les visages asiatiques dominent autour de moi, nul ne s'étonne de ma présence. On sait que le Bouddha a brisé les frontières et que son enseignement possède une valeur universelle, même s'il s'est davantage ancré historiquement dans les pays d'Orient. À l'ouest, il garda longtemps l'image d'un personnage mystérieux. Lorsque Marco Polo l'évoqua dans son récit de voyage, ses contemporains, perplexes, voulurent croire qu'il s'agissait là de Josaphat, un saint chrétien d'Orient. Puis on se rendit peu à peu à l'évidence. Ce Bouddha était porteur d'une autre religion, comme en témoignait l'histoire de ses vies antérieures, les fameux *Jātaka*. Le respect premier se mua alors en incrédulité, puis en stupeur. Allons donc ! voilà un homme qui prétendait avoir été précédemment singe ou tigre, éléphant, moine ou roi, et devoir son éveil présent au bien accompli au cours de toutes ses existences passées. On l'aurait appelé il y a fort longtemps Fukyō (« Qui ne méprise pas »), car déjà il s'inclinait avec respect devant chaque être humain comme devant un Bouddha en personne. Dans une autre existence, il aurait offert son corps à une tigresse affamée. Au terme de leurs longues recherches, les premiers traducteurs, médusés, exhumèrent ces incroyables histoires et en conclurent qu'ils venaient de découvrir un personnage délirant, un illuminé, au sens psychiatrique du terme. Les peuples d'Orient qui s'étaient laissé entraîner dans le courant de cette foi ne leur en parurent que plus naïfs, comme emportés par la vague de mirages offerte à leur imagination.

Quel paradoxe que la rencontre de cet Occident du XIXe siècle, porté vers la toute-puissance des sciences, et d'un enseignement bouddhique constitué d'une suite sans fin de paraboles, de milliers de légendes, que des chercheurs vont s'employer à classer par genre, style, époque, école et ordre alphabétique ! Voici venir le Bouddha de papier qui va s'incarner dans des milliers d'ouvrages, aujourd'hui en cours de numérisation. Combien de mètres linéaires le Bouddha occupe-t-il à la Bibliothèque nationale de France ? Une première recherche, rapide, sur le catalogue général me révèle quelque 1 200 références comportant le mot « Bouddha ». Le premier titre de la liste a pour auteur Émile Guimet, le fameux fondateur du musée des Arts orientaux qui porte son nom. L'ouvrage date de 1878. Et si l'on opte pour « bouddhisme », c'est alors plus de cinq mille références qui s'offrent à soi, dans tous les styles et tous les genres, de la traduction d'ouvrages originaux au roman, en passant par l'essai, le document historique, l'album photographique ! À l'origine de cette jungle livresque figure le travail de forçat de tous ces chercheurs du XIXe siècle. Chrétiens ou positivistes intransigeants, savants avant tout, ils s'aventurèrent à contre-foi dans un domaine inédit à leurs yeux et condamné d'avance.

Avant de m'élancer sur les pas du Bouddha, je voulus, guidé par mes instincts papivores, plonger un peu dans le monde des livres jaunis par le temps, comme pour mieux me relier au cheminement occidental vers le bouddhisme. C'est alors que je découvris la haine ou le dédain initiaux, couronnés à mes yeux par un hommage posthume de Charles Lenormant, membre de l'Institut, à la gloire d'Eugène Burnouf qui, parvenu à déchiffrer le pali comme Champollion les hiéroglyphes, se lança le premier dans l'épuisante traduction de l'un des plus éminents enseignements du Bouddha : le Sūtra du Lotus. « Le nihilisme de la doctrine de Bouddha est odieux », déclara Charles Lenormant en 1852, avant de conclure : « C'est le sentiment du devoir qui a poussé Eugène Burnouf dans cet affreux néant du bouddhisme. »

Nul doute qu'il y avait une forme de condescendance colonialiste dans cette approche impitoyable. Schopenhauer et, plus tard, Nietzsche, durent faire preuve d'une puissante originalité pour se distinguer d'un tel courant dominant et s'engouffrer avec fascination dans les textes nouvellement traduits. S'ils encensèrent le bouddhisme, ces philosophes n'en retinrent cependant avant tout que l'aspect prétendument nihiliste ou fataliste alors que tous ceux qui ont adopté aujourd'hui cette croyance la considèrent au contraire comme un formidable phare d'espoir. Sur ce point, le regard de ces éminents penseurs se rapprochait de celui de leurs contemporains. Le bouddhisme leur permettait surtout de se désorienter ou, plus exactement, de se désoccidentaliser. Dans la seconde moitié du XIXe siècle, on vit aussi des artistes s'ouvrir à la nouvelle spiritualité, à l'instar d'un Van Gogh qui réalisa son autoportrait en bonze. Un buste sur fond vert, le crâne rasé, la barbe soigneusement taillée, le regard limpide, d'un bleu rehaussé par les épais sourcils roux. Cette œuvre sereine tranche à mes yeux avec l'homme à l'oreille coupée et d'autres autoportraits hallucinés. Mais par quelle voie le Bouddha est-il parvenu à Van Gogh ? Et que connaissait ce dernier à son sujet ?

L'exotisme était alors à la mode, incarné notamment par un certain Julien Viaud, plus connu sous le nom de Pierre Loti, qui allait publier quelques années plus tard *L'Inde sans les Anglais* où apparaît parfois l'ombre du Bouddha. Profitant d'un séjour à Bénarès, la ville sainte hindoue au bord du Gange, Pierre Loti parcourut en effet les quelques kilomètres qui le séparaient de Sarnath où le Bienheureux avait prononcé son premier sermon. C'est là qu'était né le *sangha* (la communauté bouddhiste) et qu'intervinrent les premières conversions : cinq ascètes d'abord, puis un jeune homme très riche de la ville de

Bénarès qui allait entraîner toute sa famille et ses amis dans la nouvelle foi. À Sarnath, Pierre Loti contempla un banc très ancien sur lequel, lui dit-on, s'était assis le Bouddha. Visitant les mêmes lieux, je n'ai point trouvé trace dudit banc mais, en revanche, le chantier de fouilles de lord Cunningham a permis l'émergence de nombreux vestiges que Loti ne put voir en son temps. Édits du roi bouddhiste Ashoka, datant du IIIe siècle avant notre ère, stūpas contenant des cendres du Bouddha et un somptueux musée empli de trésors historiques. La pièce maîtresse en est une colonne d'Ashoka, surmontée de quatre lions tournés vers les quatre points cardinaux. Assez étrangement, ce monument bouddhiste est devenu l'emblème de l'Inde hindoue et musulmane d'aujourd'hui. Il orne même les billets de banque. Outre cette colonne, le musée présente tout un pan d'histoire de l'art bouddhique, où se dressent de nombreuses statues de bouddhas et de bodhisattvas.

D'abord, le Bouddha lui-même n'était représenté que symboliquement par la roue de la Loi, des empreintes de pas, ou encore par l'arbre de la *bodhi* sous lequel il atteignit l'éveil. Dans l'espace vide, au creux de l'immense figuier, on pouvait imaginer son indicible présence. Mais les invasions d'Alexandre le Grand allaient mettre en contact les civilisations grecque et indienne et, quelques siècles plus tard, de la statuaire grecque naquit l'art du Gandhāra. C'est alors que, dans cette région à la frontière du Pakistan et de l'Afghanistan actuels, naquirent les premiers bouddhas sculptés, dont les traits ressemblaient singulièrement à ceux du dieu Apollon. Lord Cunningham fut probablement moins surpris par le résultat de ses fouilles que les traducteurs des textes. Dans le domaine de la représentation visuelle, Orient et Occident s'étaient déjà rencontrés depuis longtemps. Le bonze de Van Gogh s'inscrivait dans la chaîne d'une longue complicité esthétique. La diversité des mythes, l'universalité de la culture ont souvent été intégrées par les peintres, sculpteurs et musiciens avant les écrivains et intellectuels, limités par la méconnaissance de la langue. C'est peut-être d'ailleurs la découverte de statues du Bouddha dans divers pays d'Asie qui a permis aux Occidentaux de saisir qu'en Inde ou au Cambodge, en Chine ou au Japon, on célébrait un même personnage sous des noms différents. Après avoir cru à une multitude de croyances sans lien les unes avec les autres, les chercheurs finirent par identifier une source première, derrière une foi multiforme transformée par les populations et les paysages rencontrés en chemin. Le travail objectif de ces savants a servi de terreau à notre imagination. Ils ont ouvert la voie à l'étape suivante, l'intériorisation du bouddhisme par les Occidentaux, le Bouddha redevenu chair, personnage vivant, avec un cœur qui bat comme le nôtre.

Ici se profile sur notre route la silhouette d'Hermann Hesse, l'auteur du *Voyage en Orient* et de *Siddhartha*. Lui aussi a tenté d'approcher ces paysages du Bouddha en 1911, lors d'un périple de plusieurs mois en Orient, alors qu'il avait une trentaine d'années. Il marchait sur les traces de ses parents et de son grand-père maternel qui, partis en leur temps pour une mission d'évangélisation en Inde, avaient laissé leur cœur s'ouvrir au bouddhisme et rapporté des statuettes et autres objets, et plus encore, des impressions et des souvenirs. L'esprit d'Hermann Hesse enfant se laissa gagner par cette atmosphère. Plus tard, il transmit à son tour, dans ses romans, un certain goût d'Orient. Avec lui, le Bouddha n'était plus un étranger. Il parlait aux consciences. Un dialogue s'ouvrait entre lui et nous. J'ai effectué le voyage mental de « Siddhartha » bien avant le voyage réel en Inde, et il est probable que cette lecture assise a participé à cette mise en route de ma vie vers le bouddhisme.

Mais Hermann Hesse resta aux frontières de l'Inde, comme s'il n'avait osé aller au bout de son dessein. Son « Siddhartha » n'est d'ailleurs pas le Bouddha et prétend même s'affranchir de l'image encombrante du guide. Ici, l'écrivain passe le relais à d'autres explorateurs, et c'est une petite femme au visage ferme, au regard déterminé, qui va nous faire entrer plus profondément au cœur de l'Asie bouddhiste. La présence de cette Occidentale de bonne famille n'a pu que surprendre tous ceux qui la rencontrèrent. Une photographie, au début de son voyage, la représente vêtue d'une robe de mousseline blanche, devant une chaise à porteurs. Elle a déjà une quarantaine d'années. À qui lui adressait la parole, elle pouvait répondre indifféremment en français, en anglais ou, bientôt, en tibétain.

Alexandra David-Néel ou la quête éperdue du bouddhisme. La voici, une bonne décennie plus tard, avec Yongden, son jeune compagnon de marche tibétain. Les cheveux sont noircis à l'encre de Chine, prolongés à l'arrière par deux nattes en crin de yack ; le visage a été poudré de braise et de cacao, puis recouvert de suie. Une robe de bure misérable, des bottes usées, un bâton à la main. C'est sous ce déguisement de mendiante que, à la faveur d'une tempête de sable, elle parvient à pénétrer dans Lhassa, cité interdite aux Occidentaux, au terme d'une marche de quatre mois à travers les montagnes. La petite femme ronde est devenue un être décharné dont les yeux brillent d'une intensité nouvelle.

Alexandra David-Néel ou le droit de s'aventurer en dehors des clous. L'Européen se doit d'être chrétien, le Tibétain ou le Japonais bouddhiste, l'Égyptien musulman… Eh bien, non ! Avec ce petit bout de femme s'élabore une autre musique où la liberté va croissant. Choisissez votre chemin. Rien n'est tracé d'avance. On peut être bouddhiste en Occident, si l'on y trouve matière à se nourrir.

Poursuivons notre route. Je n'ai, en ce qui me concerne, qu'un modeste sac noir sur le dos et mes conditions de voyage sont, par comparaison avec tous mes prédécesseurs, relativement confortables. Fort heureusement, le choix de la marche durcit le parcours et ralentit le temps. Les paysages ne s'offrent pas instantanément. Je pars à leur rencontre. En ce sens, quoique pour une durée courte, je partage un peu le *tempo* de tous ces héroïques marcheurs des temps passés, à commencer par le Bouddha lui-même.

Il m'emmène aujourd'hui à Rajgir, une petite ville de l'actuel Bihar. Difficile d'imaginer ici la capitale d'un puissant État antique, le Magadha, dont le roi allait être le premier monarque converti à la nouvelle religion. Il offrit au Bouddha son premier monastère, le monastère du Bosquet de bambous, un simple abri, en fait, pour se protéger des pluies au moment de la mousson. C'est à Rajgir, précisément, appelé alors Rājagriha, que vont apparaître les premiers intellectuels notoires de la communauté. Notamment le plus illustre d'entre eux, Shāriputra, reconnu comme le plus sage parmi les dix principaux disciples du Bouddha. Formé par un maître nihiliste, Shāriputra ne pouvait se satisfaire de l'enseignement de ce dernier. C'est alors qu'il rencontra un homme demandant l'aumône, dont le puissant rayonnement le séduisit. Ce mendiant était un disciple du Bouddha et, bien qu'il ne pût lui expliquer avec précision l'enseignement de son maître, Shāriputra saisit aussitôt qu'il venait de découvrir ce qu'il recherchait. C'est sans doute pour des disciples comme lui que l'enseignement bouddhique va s'approfondir et se complexifier. Le Bouddha s'est éveillé à une Loi mais il dispense une philosophie pour répondre aux besoins de compréhension de ceux qui se pressent autour de lui. L'Octuple Noble Chemin, la chaîne de causalité en douze maillons, tous ces concepts ne sont que des expédients, des tentatives de saisir l'indicible dans le filet des mots. Ceux qui les maîtrisent comme ceux qui n'y parviennent pas pourront également accéder au rayonnement du Bouddha si leur foi est sincère. Et peut-être est-ce pourquoi, dans nombre de sūtras, Shākyamuni traite durement Shāriputra, conscient que celui-ci doit mener une lutte constante contre son orgueil et ne pas oublier, dans sa soif incessante de savoir et de compréhension, les gestes simples de la bienveillance journalière. Shāriputra, à la fois fustigé et pressenti comme successeur par le Bouddha. Hélas ! le disciple mourra peu avant le maître, annihilant ainsi ce projet. C'est cependant près de son lieu de naissance que s'élèvera des siècles plus tard la fameuse université bouddhiste de Nālandā, haut lieu du savoir où, entre le VIe et le XIIe siècle, on viendra étudier de tout l'Orient les textes religieux et la science, l'ensemble des connaissances d'une époque dans cette partie du monde.

J'ai erré dans Nālandā, au milieu des enceintes de briques découvertes par lord Cunningham, partagé entre la fascination pour ce vaste temple de l'intelligence et le froid sentiment de l'impermanence de toutes choses. Ici, un travail de construction étendu sur plusieurs siècles a été détruit en quelques jours par des envahisseurs cruels. Les milliers d'ouvrages de la bibliothèque, les dortoirs, les cuisines ont disparu dans la fureur des flammes, tandis qu'étudiants et professeurs étaient impitoyablement massacrés.

Bouleversé par l'évocation de ce drame, j'entendis la voix du Bouddha qui ne me parlait plus du fond de l'histoire, mais de l'intérieur de mon cœur. Tous ces palais construits, tombés, ce travail d'archéologue, que nous révèlent-ils au fond, sinon que la véritable forteresse est à construire en nous-mêmes ? Peut-être la multitude d'ouvrages calcinés ne faisait-elle que résumer ou illustrer de multiples façons cette seule vérité. Et sans doute n'est-il pas fortuit qu'une partie du renouveau bouddhiste de notre époque soit venue du Japon, le pays d'Hiroshima, déjà imprégné de siècles de culture bouddhiste mais reconduit soudain au fondement même de la foi par une scène apocalyptique. La destruction en quelques secondes d'une cité militaire de plusieurs dizaines de milliers d'habitants, l'effondrement de tout un pays convaincu de sa surpuissance, de son invulnérabilité et ramené à l'évidence de la mort de toutes choses. Une fois passée l'heure de la reddition, une fois tue la voix de l'empereur, beaucoup entendirent résonner en eux la voix du Bouddha, qui disait encore vrai alors que tout le reste s'était révélé mensonge d'État.

Demeurons dans les environs de Rajgir. Il est étrange qu'un seul lieu puisse contenir tant de vérités convergentes. Ma méditation se poursuit au sommet du pic du Vautour (ou de l'Aigle). Avant ce voyage, j'imaginais de hautes montagnes, un sommet dominant une profonde vallée. La hauteur de vue du Bouddha m'avait incité à inventer des paysages à sa mesure. Mais l'Éveillé était un homme de plaine. Quittant le palais familial, il tourna le dos à l'Himalaya, au nord, pour se diriger vers le Gange autour duquel fleurissait la civilisation. S'il vécut des moments d'intense solitude, Shākyamuni recherchait, à n'en pas douter, la compagnie des hommes.

Le pic du Vautour fut donc le sommet du Bouddha, à moins de 400 mètres d'altitude au-dessus d'un paysage boisé. Il pouvait y accéder depuis la proche vallée en une demi-heure de marche à peine, avec la possibilité de quelques pauses au pied de grottes peu profondes, creusées à même le rocher. Tout en haut, une pierre se dressait, comme un rapace régnant sur les environs en quête de quelque proie secrète. Cette pierre solidement posée, que les ans n'ont pas déracinée, serait à l'origine du nom de ce lieu. Pour le reste, tout est apesanteur, démesure, envol. C'est sur ce petit promontoire que le Bouddha a mis en scène une singulière cérémonie dont toute la force symbolique a traversé les siècles. Ici, selon l'un de ses plus précieux enseignements, le Sūtra du Lotus, s'est élevée dans les airs la tour aux Trésors, où l'Honoré-du-monde rassembla tous les disciples de sa vie présente mais aussi ceux des vies antérieures, venus parfois de terres infiniment lointaines. Ici, le Bouddha leur a révélé l'éternité de la vie et un autre bouddha, nommé Tahō ou Maints-Trésors, est venu confirmer la véracité de ses dires. Cette parabole de la tour aux Trésors s'élevant dans les airs a fait l'objet de multiples interprétations. Aujourd'hui encore, elle semble inviter l'être humain à voler comme un oiseau dans le ciel de la foi.

Au sommet du pic du Vautour, j'ai rencontré un Vietnamien d'une quarantaine d'années, expatrié à San Francisco, qui s'est ouvert à moi de ses goûts culinaires. J'ai d'abord éprouvé une vive impatience, un sentiment de sacrilège. J'aspirais à des paroles qui dominent la vie quotidienne comme ce sommet la plaine et m'enlisais au contraire dans une conversation digne du métro parisien. Ainsi va la vie, impermanente, surprenante, et le Bouddha le savait bien, qui eut la science d'accueillir dans son enseignement l'existence dans sa totalité, le bien comme le mal, le haut avec le bas, le noble et le prosaïque. Je compris au bout d'un moment que cette conversation avec un inconnu au sommet du pic du Vautour relevait aussi de la cérémonie dans les Airs et mon agacement disparut. Mon interlocuteur n'était pas un importun mais un compagnon de vie, qui avait effectué comme moi un long périple pour savourer ce moment unique.

L'événement qui s'est déroulé là voici deux mille cinq cents ans, en présence du Bouddha, a parcouru le temps. Un demi-siècle avant moi, des beatniks ont gravi cette pente, image de la jeunesse occidentale d'une époque, parmi lesquels le poète américain Allen Ginsberg, la trentaine, barbu, auteur d'un poème intitulé « Le pic du Vautour ». On y sent à la fois sa quête spirituelle et le drame d'un jeune égaré en lutte contre sa dépendance au LSD et à d'autres drogues.

Attiré par le zen puis par le bouddhisme tibétain, Allen Ginsberg tentait désespérément de se libérer de ses chaînes. Il est pour moi l'un des derniers maillons. Lorsqu'il atteint le sommet du pic du Vautour, je viens à peine de naître et ne sais pas encore que je suivrai un jour le même versant creusé de grottes.

D'autres visages m'inspirent aussi, venus du fond de l'histoire, et qu'importent alors les frontières ! Un lien m'unit à l'évidence à ce bonze chinois au crâne rasé, vêtu d'une longue robe, qui, au VIIe siècle, avait effectué tout le parcours depuis son pays natal jusqu'à l'Inde pour y rapporter de nombreux écrits bouddhiques. Xuanzang – tel était son nom – couvrit aussi du regard le pic du Vautour et les paysages avoisinants. Et peut-être la Cérémonie dans les Airs s'éclaire-t-elle ici d'un sens nouveau : plus qu'un rassemblement d'êtres venus du passé à l'invitation du Bouddha, elle annonce le rassemblement futur de la foule innombrable des pèlerins. C'est l'endroit du grand rendez-vous, le lieu de passage d'où chacun repart ensuite chez soi, alourdi par les souvenirs, allégé par la foi. À ces millions de visiteurs, s'ajoutent encore les innombrables croyants, anonymes ou célèbres qui, à travers le temps, ont rêvé du pic du Vautour sans avoir la volonté ou la possibilité de se rendre sur place. Certains vont pourtant mettre en scène leurs rêves et c'est ainsi que, dans l'imagination des artistes, naîtront des représentations un peu semblables à celles que je m'étais forgées. La colline devient montagne, le Bouddha s'érige en être surnaturel dont les pieds ont décollé du sol comme sur cette tapisserie du VIIIe siècle, découverte à Dunhuang, en Chine. L'Honoré-du-monde y est drapé d'une tunique rouge, le bras droit le long du corps, la tête ceinte d'une auréole ; seuls quatre personnages l'entourent : une des multiples représentations du Bouddha au pic du Vautour, où l'éternité nous traverse.

Aujourd'hui, un téléphérique permet d'accéder au sommet mais, sauf handicap particulier, il me semble impossible de choisir un mode de locomotion autre que celui du Bouddha : la marche. Suit alors une lente approche du monde des mendiants qui ont investi la colline, ces intouchables dont le Bienheureux avait reconnu en son temps toute la dignité. Du reste, au cours des dernières décennies, nombreux sont ceux, issus de cette caste désormais abolie, ou plutôt de cette non-caste, qui se sont convertis au bouddhisme comme pour effacer les traces de l'oppression séculaire, s'extraire non seulement juridiquement mais aussi mentalement de tout un système de pensées et de croyances qui réduisait leur vie à la pire servitude. Hélas ! ceux qui mendient encore, drapés de poussière, sur le flanc du pic du Vautour n'ont pas choisi ce sort. Contre la loi, porteurs d'une tradition millénaire, ils demeurent dans leur tête et leur comportement des intouchables. Je pense à la compassion du Bouddha, à son souci de sauver tous les êtres sans discrimination, à l'audace de la communauté dont il fut le fondateur. Non seulement elle comprenait à la fois des hommes et des femmes, fait exceptionnel à l'époque, mais aussi, parmi les dix principaux disciples, le plus souvent princes ou brahmanes, figurait un simple barbier dont la principale qualité semblait d'être précisément un homme ordinaire, un représentant du peuple. Autre tableau, autre scène : le Bouddha partageant son siège avec l'un de ses disciples trop souvent moqué, l'austère Mahākāshyapa qui s'en allait vêtu de guenilles, simplement parce que la robe qu'il portait avait appartenu au Bouddha et qu'il refusait de s'en séparer. L'intègre Mahākāshyapa, dépourvu d'éloquence, qui traînait sa misère comme un signe de foi, le peu séduisant Mahākāshyapa, partageant le siège du maître ! Hélas, ces signes de démocratie avant l'heure ont souvent échappé par la suite aux idolâtres ! Pour que le Bouddha fût admirable, il fallait qu'il fût immense, toujours au centre, entouré de disciples minuscules. N'aurait-on pas pu concevoir l'inverse ? Un Bouddha miniature entouré de disciples géants auxquels il aurait offert sa grandeur ? Ou, plus simplement, un cercle humain composé d'êtres de taille identique parmi lesquels on n'aurait pu distinguer lequel est le Bouddha ?

Loin de ces tableaux jaillis de mon esprit, c'est bien le Bouddha géant qui s'offre à mes yeux, jusque dans mon hôtel de Rajgir, où il s'érige en statue noire devant laquelle le pèlerin est invité à prier. Cette statue monumentale des temps modernes fait écho à celles, multiples, de la terre entière. Les deux bouddhas de Bāmiyān, en Afghanistan, taillés à même la falaise, à 2 500 mètres d'altitude, l'un de 53 mètres, l'autre de 38 mètres, deux œuvres reconnues trésors de l'humanité par l'Unesco, réduites en poussière par des fanatiques... Le Bouddha de Leishan, en Chine, également taillé dans le roc, d'une hauteur de 71 mètres ; le Bouddha de l'île de Lantau, à Hong-Kong, œuvre en bronze d'un poids de 250 tonnes et d'une hauteur de 34 mètres ; des bouddhas de pierre de conception coréenne qui, dans cette matière apparemment figée, donnent l'impression du mouvement, tel le bouddha de la grotte de Sokkuram ou, de l'autre côté de la mer, au Japon, le célébrissime bouddha de Kamakura, d'abord enfermé dans un temple détruit par un typhon ou un tsunami et aujourd'hui livré en plein air à la curiosité mêlée des pèlerins et des touristes. Ce Bouddha assis, en bronze, d'une hauteur de 13,35 mètres, n'est plus Shākyamuni, le sage de la tribu des Shākya, mais Amida, une de ses inventions, un enfant de son enseignement, hissé par certaines écoles au-dessus du maître.

Le bouddha de Kamakura a engendré à son tour des enfants. Voici son petit frère de Bodhgaya, en grès rouge, sur un socle blanc :

hauteur, 19,50 mètres. Et l'on semble ne pas vouloir en rester là. Le projet serait né, sur ce même site de Bodhgaya, d'ériger une statue du bouddha Maitreya, le bouddha du futur dont Shākyamuni annonça l'apparition, d'une hauteur de 152 mètres. Toujours plus haut semble bien une devise des temps modernes.

Outre le caractère monumental des représentations, la feuille d'or est une autre manière traditionnelle de rendre la grandeur du Bouddha. Parfois, les deux caractéristiques se combinent. La statue dorée du grand bouddha de Wat Muang, en Thaïlande, s'élève à 92 mètres. D'innombrables statues de ce genre ornent certains sommets de l'Himalaya et bien des temples d'Asie mais aussi parfois d'Occident : c'est ainsi qu'on découvre, étonné, sur les hauteurs de Marseille, comme un écho à la Bonne-Mère, un immense Bouddha doré, érigé là par une école bouddhique vietnamienne. Mais rien ne semble pouvoir égaler le Bouddha de Bangkok, en or massif, haut de 3 mètres, d'un poids de 5,5 tonnes, représenté assis, les jambes en tailleur, la main droite vers le sol, le sommet du crâne surmonté d'une flamme.

Une statue aussi précieuse n'aurait pu qu'attirer la convoitise de pillards étrangers, aussi fut-elle dissimulée sous une couche de plâtre au temps de l'invasion birmane, afin que les conquérants ne soient pas tentés de l'emporter. L'œuvre demeura ainsi des siècles et l'on finit par la considérer comme insignifiante jusqu'au jour où, abandonnée sous une pluie battante, elle révéla sa vraie nature : le stuc s'était fendu sous le déluge et l'or se mit à briller au milieu des décombres. Restauré, le Bouddha d'or massif trône aujourd'hui dans un temple du quartier chinois de Bangkok. Ce serait, dit-on, la plus grande statue en or du monde.

Si elle suscite l'admiration et provoque l'arrêt des cars de touristes, cette tendance à la démesure signe aussi bien souvent une élévation du Bouddha au-delà du réel, une déification. Il peut être judicieux ici de revenir sur certaines des trente-deux caractéristiques majeures de l'Honoré-du-monde : bras descendant plus bas que les genoux, crâne surmonté d'une protubérance de chair, touffe de poils blancs au milieu des sourcils, mâchoire équipée de quarante dents, joues pleines comme celles d'un lion, longue et large langue capable de couvrir tout le visage… Est-ce la description d'un être surnaturel ou d'un monstre ? Toute œuvre, pourtant, se nourrit au moins partiellement de ces caractéristiques qui constituent, avec la posture et l'expression, les signes de reconnaissance d'un Bouddha. Ce monde des représentations finit par devenir un domaine à part, de plus en plus éloigné de celui des êtres humains, et c'est pourquoi d'aucuns peuvent être tentés d'en limiter la portée. De rechercher, derrière l'or ou le gigantisme de la statue, le véritable trésor : l'humanité du Bouddha.

Ces deux approches et attentes contradictoires se côtoient encore plus au nord, à Srāvastī, dans l'actuel État de l'Uttar Pradesh. Ici comme ailleurs, les archéologues ont livré au regard, au milieu des arbres et des herbes, de vastes enceintes de briques usées, dont l'étendue évoque une splendeur passée recouverte par la nature triomphante. N'est-ce pas à Srāvastī que, dix-neuf années durant, Shākyamuni enseigna au temps de la mousson ? On y a mis au jour les fondations des logements des moines ou encore le temple où le maître priait. Non loin de là se dressent deux stūpas, contenant l'un les cendres de Sudatta, le richissime marchand qui offrit au Bouddha ce monastère, l'autre les restes d'Angulimāla, le criminel, qui portait accrochés à son cou les doigts de ses victimes. Il comptait déjà à son actif 99 meurtres (999 selon d'autres sources) et s'apprêtait à faire de sa mère son ultime victime lorsqu'il rencontra le Bouddha et se convertit. Le bouddhisme est friand de telles transformations intérieures, de ces retournements de vie qui mènent de la négation d'autrui à la compassion. Même auréolée de légende, l'histoire d'Angulimāla instruit sur la fonction concrète de cette religion-philosophie : conduire à la paix intérieure et, par extension, mener le monde qui nous entoure dans la même direction.

Mais Srāvastī entretient aussi le culte d'une colline, un simple monticule, d'où le Bouddha se serait envolé vers le ciel afin d'y convertir sa mère avant de regagner la Terre le long d'une échelle de pierres précieuses dans la ville de Sankisa, où des milliers de disciples étaient venus l'attendre. Cette ville attire encore aujourd'hui les pèlerins autour du culte spécifique d'un Bouddha irréel, divinisé.

Quant au monticule de Srāvastī, certains moines du Theravāda l'appellent avec humour « l'aéroport du Bouddha ».

Bien loin de cet envol, des chercheurs occidentaux ont tenté au contraire de découvrir des indices de la vie quotidienne au temps de Shākyamuni : heure du lever, du coucher, des repas, leçons du maître, temps consacré à la mendicité dans la toute proche ville de Srāvastī, alors capitale du Koshala, hiérarchie entre les moines en prière et les convers chargés de cultiver la terre et d'entretenir les bâtiments. Faute d'éléments concrets suffisamment tangibles, une telle reconstitution, entendant pourtant rendre au Bouddha sa dimension la plus terrestre, semble relever de la fable ou de la fiction. Les Indiens, du reste, paraissent avoir délibérément brouillé les pistes. Ils ne nous ont livré le Bienheureux que par ses traits extraordinaires. Ils ont même occulté la couleur de sa peau, qu'on pourrait imaginer noire comme celle des habitants actuels de la région. Tout cela n'était à leurs yeux que secondaire, de nature à limiter le personnage en l'enfermant dans une identité spécifique. Ils ont tissé un rideau de légendes autour du Bouddha pour l'imaginer à leur guise, le réinventer à leur gré. Inde mystique, dira-t-on. Sans doute. Mais aussi une Inde en quête de lieux réels pour incarner ses rêves. Dans son voyage, au VIIe siècle, le moine chinois Xuanzang rapporte qu'on lui montra le gouffre par lequel Devadatta, qui avait tenté d'assassiner le Bouddha et de créer une scission au sein de la communauté, était tombé en enfer. Ailleurs, on lui indiqua l'emplacement d'une grotte où l'ombre du Bouddha s'était inscrite pour l'éternité. Le malheureux moine, qui avait traversé une région infestée de bandits pour parvenir jusque-là, fut d'abord désespéré de ne rien apercevoir. Mais, selon son récit, il pria avec tant d'intensité que la vision désirée finit par s'offrir à ses yeux.

Fidèles à eux-mêmes, les Indiens continuent d'incarner dans des lieux précis telle ou telle scène décrite dans la biographie du Bouddha. Et les emplacements en question se situent désormais à proximité de ceux qui ont été révélés par les archéologues occidentaux, comme un signe du rapprochement des mondes. Ainsi, l'on me montra à Bodhgaya l'endroit où Sujātā aurait offert son premier gruau de riz au Bouddha, au sortir de sa longue période de jeûne. Je pus aussi entrer dans la grotte minuscule, perchée au cœur des montagnes avoisinantes, où il se serait livré aux austérités avant d'atteindre l'éveil. Quant au fameux arbre de la *bodhi*, si celui de Bodhgaya se prétend un descendant de l'original, on m'affirma à Srāvastī, contre toute vraisemblance, que l'original en question s'y trouvait. À chaque fois, la sincérité de mes guides ne faisait aucun doute et leur assurance ne semblait guère ébranlée par mon scepticisme. Sur ce point, nos sensibilités ne se rencontraient pas. L'Occidental que je suis a trop appris à ancrer son imaginaire dans le réel alors que l'Indien, me semblait-il, se fondait sur son imaginaire et tentait de le faire coïncider avec la réalité. Le premier part de la terre et décolle, le second vient des airs et atterrit…

J'ai reconnu de nouveau à Vaishālī, mon étape suivante, le côtoiement de ces deux approches du monde : les Occidentaux ont découvert une grande colonne d'Ashoka, surmontée d'un lion tourné vers Kushinagar, lieu du nirvāna du Bouddha. Ils ont aussi déterré deux stūpas, l'un remontant à l'époque du roi Ashoka, l'autre figurant parmi les huit premiers stūpas qui accueillirent les restes du Bouddha juste après sa disparition. Des ruines de l'ancien parlement des Vajji, en cette ville qui était leur capitale, attestent aussi le caractère démocratique de ce royaume de l'Antiquité. Quant aux Indiens, ils proposent aux regards le bassin où des singes offrirent du miel au Bouddha ou encore la maison de Vimalakīrti, riche protecteur du Bienheureux, qui tiendrait debout depuis vingt-cinq siècles.

Vaishālī est chargé de sens car le Bouddha y prononça son dernier sermon. Il semble qu'il avait quitté quelque temps auparavant le pic du Vautour et se dirigeait vers Lumbinī, le lieu de sa naissance, à dessein d'y mourir. Mais la maladie l'arrêta en chemin et il ne put mener son projet à bien. À moins que, comme l'affirment certains guides indiens, il ait décidé délibérément d'achever sa route à cet endroit précis.

C'est aussi à Vaishālī qu'apparut la première scission au sein de la communauté bouddhiste. L'événement se produisit au IVe siècle avant notre ère et demeura dans l'histoire sous le nom de Deuxième Concile. Même si la pratique du bouddhisme présentait déjà bien des variantes selon les régions de l'Inde, aucun affrontement ou débat n'était venu marquer clairement une séparation. L'enseignement du Bouddha n'étant pas dogmatique, on s'était efforcé, ici ou là, d'en adapter certains points sans que nul n'y trouve à redire. Mais le Deuxième Concile s'affirme à l'évidence comme un carrefour dans l'histoire du bouddhisme, d'où naîtront d'abord deux chemins, puis une multitude d'autres, les chemins du bouddhisme.

Vaishālī était en ce temps-là une ville prospère et les moines locaux avaient pris quelques libertés avec les règles strictes de la vie monacale. Ils stockaient du sel pour conserver les aliments, ce qui était en principe interdit, transgressaient la règle interdisant de se nourrir après la méridienne et, surtout, acceptaient les dons pécuniaires alors que la tradition ne tolérait que les offrandes de vêtements et de nourriture. Ces transgressions et quelques autres conduisirent des moines aînés à se réunir à Vaishālī pour déterminer ce qu'il fallait penser d'un tel comportement.

La réponse fut sans appel : les moines locaux déviaient, ils n'étaient pas dignes d'être considérés comme des disciples directs de Shākyamuni. Les exclus, en retour, organisèrent leur propre concile appelé Māhāsamghika, ou « membres du Grand Groupe », lequel se trouva de fait en rupture avec le Theravāda, ou « enseignement des Anciens ». Ces deux courants initiaux allaient suivre des voies de propagation différente. Le Theravāda gagna le sud de l'Inde avant de poursuivre vers l'est. C'est la forme de bouddhisme pratiquée encore majoritairement aujourd'hui, entre autres, au Sri Lanka, au Laos, en Birmanie, en Thaïlande, au Cambodge. Quant au Māhāsamghika, il allait donner naissance au Mahāyāna, ou « Grand Véhicule », qui prit la route du Nord, gagnant toute la Chine, puis la Corée et le Japon, avant de redescendre vers le Vietnam. Cette fameuse route du Nord allait recouvrir en partie la mythique route de la soie qui, pendant des siècles, fut la voie de circulation majeure entre Orient et Occident où se succédèrent conquérants, marchands et missionnaires. Parmi ces derniers, les bouddhistes purent d'ailleurs côtoyer des chrétiens (le plus souvent nestoriens, du nom de Nestorius, patriarche de Constantinople au Ve siècle), des juifs ou des musulmans qui, grâce à leur victoire militaire sur les Chinois, sur les rives du Talas, en 751, allaient s'implanter durablement en Asie centrale, dans la partie occidentale de la route de la soie.

Routes de la soie, du papier, du verre, des céramiques, des perles, des coquillages, du thé, de l'encens, des épices et des drogues, route du Soi aussi, du voyage intérieur, de la lumière de la foi qui éclairait les caravanes de marchands. Au Salon du livre de Brive, j'ai eu l'occasion de rencontrer Bernard Ollivier qui, à 61 ans, se lança cet incroyable défi : parcourir la route de la soie à pied, d'Istanbul, en Turquie, à Xi'an, l'ancienne cité impériale au cœur de la Chine, 12 000 kilomètres, une prodigieuse épopée entreprise sur trois saisons. Pas question, ici, de partir en quête de cette soie précieuse qui portait autrefois les jambes et les énergies humaines au-delà de leurs limites connues. Bernard Ollivier n'a pas davantage le sens aigu de la mission propre aux voyageurs religieux. Il s'est lancé dans un périple gratuit jusqu'au bout de ses capacités. La sérénité de sa voix, son insouciance, sa compassion... je sentis qu'il avait parcouru 12 000 kilomètres en lui-même. Nous avions pris ensemble le train qui nous reconduisait de Brive à Paris et, au-delà des vitres, en écoutant son aventure, j'entraperçus mes voyages futurs.

Le récit de ce périple sur la route de la soie résumait aussi les incroyables difficultés auxquelles le bouddhisme se heurta pour gagner l'Extrême-Orient. Difficultés géographiques, bien sûr, soulevées par la traversée de steppes arides, de zones désertiques ou montagneuses, qui se combinaient pour accentuer l'épreuve. Voici ensuite les montagnes de feu, de calcaire pourpre, aux portes du désert du Taklamakan, en Chine, surplombant la ville de Turfan où la température atteint allègrement 50 °C en été. L'écueil des langues, également, des centaines de dialectes, peut-être des milliers à l'époque, et surtout l'obstacle des intolérances humaines, ces grandes murailles destinées à protéger de toute ingérence extérieure. Il est d'autant plus fascinant que le bouddhisme ait su s'assouplir pour éviter toute guerre avec les croyances locales, notamment le taoïsme et le confucianisme en Chine. Oh ! certes, les persécutions ne manquèrent pas, le bouddhisme faillit être anéanti à plusieurs reprises, mais il parvint tout de même au Japon dès le VIe siècle alors qu'il lui fallut un siècle de plus pour atteindre le toit du monde, le Tibet, pourtant infiniment plus proche. Sans doute cela s'explique-t-il, dans ce cas, par une plus grande résistance des populations autochtones, fortement ancrées dans leur propre culture et qui n'acceptèrent que progressivement et après bien des aménagements l'intrusion de la religion étrangère.

L'art bouddhique témoigne de la différence entre toutes ces cultures rencontrées le long de la route de la soie, au Tibet, ou sur les voies maritimes du Sud. Tout d'abord, dans le courant du Theravāda, où les moines incarnent le faîte de l'enseignement, Shākyamuni est perçu comme l'unique bouddha de notre planète et les religieux eux-mêmes ne peuvent prétendre qu'au stade inférieur d'*arhat* (ou de sages). Dès lors, ce culte de l'inégalable Bouddha tourne parfois au fétichisme, comme en témoigne le temple de la Dent, au Sri Lanka, où serait enfermée une dent du Bouddha. Chaque année, au mois d'août, à l'occasion de la fête de la Perahera, cette dent, soigneusement enfermée dans une châsse, fait le tour de la ville de Kandy sur le dos d'un éléphant.

Dans la voie du Mahāyāna, au contraire, l'atteinte de l'état de bouddha reste le but de tout être humain mais, selon les écoles, ce but peut être atteint en cette vie-ci ou après la mort, voire après une multitude d'existences consacrées à d'austères pratiques. Dans ce courant, très favorable aux laïcs, un personnage occupe une place essentielle, le bodhisattva, image de celui qui retarde sa propre illumination pour sauver les autres, l'aspirant à la bouddhéité qui se consacre au salut d'autrui comme moyen de parvenir à l'éveil. En plus du Bouddha, les bodhisattvas sont présents sous de multiples formes dans tout l'art qui a fleuri le long de la route de la soie. L'attitude qu'ils offrent en modèle tranche avec celle des moines du Theravāda auxquels on reprocha de ne rechercher que leur propre illumination à travers des rites si stricts qu'ils ne pouvaient se pratiquer qu'au sein de monastères. Naturellement, ces derniers en retour se targuaient de vouer toute leur vie à la Loi et pouvaient réciter des sūtras entiers alors que les laïcs, engagés dans la vie quotidienne, ne retenaient que quelques phrases qui leur tenaient lieu d'amer. Mais ces mêmes laïcs, dans le cadre du Mahāyāna, se faisaient fort d'incarner ces enseignements dans leur vie quotidienne et y voyaient la marque de leur rectitude.

À Vaishālī, le lieu même du schisme, j'eus l'occasion de rencontrer ensemble deux moines représentant ces deux courants, l'un, sri-lankais, du Theravāda, l'autre, japonais, du Mahāyāna. La parfaite complicité entre ces Orientaux, partageant également la condition de moine, face au laïc occidental que j'étais relativisait le conflit entre les deux courants. La scission historique se produisit du reste sans effusion de sang. Chacun suivit alors sa propre voie et s'il y eut certes des rancunes et des condamnations, n'imaginons pas ici une guerre de religion comme celles qui ont pu sévir sous d'autres latitudes. Avec la présence d'une tierce personne, l'Occidental, les deux courants ont même tendance à retrouver leur unité première. Ainsi, dans mon cas, le moine japonais, en raison de sa maîtrise limitée de l'anglais, fit délibérément appel au Sri-Lankais, plus apte selon lui à me narrer l'histoire du Bouddha. Ces deux déracinés s'étaient visiblement découvert des affinités. Leurs caractères opposés les réconciliaient : le Sri-Lankais était volubile, joyeux, imprécis ; le Japonais retenu, plus intellectuel, gagné par une sourde anxiété dont il riait pourtant – il redoutait d'être atteint du cancer. J'étais d'ailleurs le dernier pèlerin qu'il recevait avant son départ pour le Japon où il allait subir des examens médicaux. J'eus l'occasion de partager plusieurs fois son repas. Il m'expliqua que, moine, il n'avait pas d'enfants et que sa mort, peut-être proche, ne lui apparaissait donc pas comme une perspective tragique. Il me sembla plus détaché que combatif, serein en un sens, attitude qui seyait à un moine bouddhiste, mais je sentis une agitation au fond de sa vie, et j'imaginai quelques cauchemars secrets. Le bouddhisme n'étouffe pas l'inquiétude. Il la modèle, la façonne, l'élève, la transforme en inquiétude pour le genre humain tout entier, en sensibilité à la souffrance d'autrui.

Plus tard, j'ai rencontré de jeunes moines indiens, qui relevaient du courant du Theravāda, visiblement ravis de converser avec un Occidental. Leur religion a presque quitté sa terre d'origine. Ils seraient moins de 1 % à la pratiquer encore en Inde, soit tout de même près de 8 millions de fidèles. Si, parmi eux, certains ont investi les lieux du Bouddha, beaucoup officient dans des endroits saints spécifiques, souvent à la gloire de précieux disciples comme Shāriputra. Dans les endroits même où vécut Shākyamuni, la présence du dalaï-lama et des moines de son courant s'impose au regard. Partout leurs fanions multicolores ornent les lieux saints. Simples éléments décoratifs pour les non-initiés, ces quadrilatères de tissus multicolores qui flottent au vent portent inscrits des prières et mantras auxquels sont attribuées des vertus protectrices et la capacité de chasser les mauvaises influences extérieures. Souvent exposés au sommet des montagnes, ces joyeux drapeaux et les circumambulations des croyants sur les lieux saints ne peuvent pourtant faire oublier les souffrances d'un peuple, interdit de pratiquer sa religion sur son territoire, écrasé sous le joug d'une puissance qui prétend le sauver et lui apporter la vérité.

Curieusement, le bouddhisme tibétain a gagné le monde en perdant ses terres. Épris de secret, il finit par s'ouvrir aux Occidentaux qui ne cessent de percer les mystères de sa langue et de ses rites. Il est aujourd'hui des lamas nés en Occident, à l'image du célèbre Matthieu Ricard et, pour la première fois, le fameux *Livre des morts tibétain* vient d'être traduit directement de sa langue d'origine dans la nôtre par l'universitaire Philippe Cornu, bouddhiste de surcroît. Prix Nobel de la paix en Occident, ennemi public en Chine, le dalaï-lama lui-même est au cœur d'une guerre des cultures et des stratégies qui donne à son rôle une dimension éminemment politique. La confusion des genres lui confère une étrange suprématie de notre côté du monde. Il n'est pas rare encore de lire sous la plume d'un journaliste mal informé que le dalaï-lama est le pape des bouddhistes. C'est ignorer toute la diversité d'une religion qui provient, nous l'avons vu, du Deuxième Concile de Vaishālī.

Sur les chemins du bouddhisme, j'ai, en ce qui me concerne, opté pour une voie japonaise. Grâce aux avions, à la vitesse sous toutes ses formes, aux moyens de communication modernes, ce bouddhisme est parvenu jusqu'à moi, dans ma ville de Paris. Mais le parcours historique fut en réalité bien long et émaillé d'épreuves, depuis Shākyamuni, le fondateur de cette religion, jusqu'à Nichiren, le réformateur japonais du XIIIe siècle, inspirateur de l'école à laquelle j'appartiens. Au temps de Nichiren, le Japon subissait une série de cataclysmes sans précédent – tremblements de terre, typhons, sécheresse, troubles politiques au sein du clan au pouvoir, menace des invasions mongoles – et les écoles bouddhiques traditionnelles ne semblaient pas pouvoir apporter aux populations l'énergie spirituelle et la foi dont elles avaient besoin. C'est alors que, franchissant les siècles et les frontières, Nichiren voulut revenir à l'esprit originel du bouddhisme tel qu'il avait été défini par Shākyamuni, tout en l'adaptant aux nécessités de son temps. Sa compassion sans bornes l'amena à créer un enseignement populaire et accessible à tous sur lequel chacun puisse s'appuyer en cette ère de catastrophes. Il eut aussi le courage de critiquer ouvertement les autorités en place pour leur arrogance et leur indifférence à la souffrance des gens ordinaires, ce qui lui valut les pires persécutions sa vie durant. Après avoir été conservée pendant des siècles par des moines et un nombre restreint de laïcs, sa doctrine ne connut un essor véritablement significatif qu'à la suite d'une nouvelle tragédie : la défaite et l'occupation par les troupes américaines au terme de la Seconde Guerre mondiale. Le pays entier parut émerger d'un mirage et beaucoup trouvèrent dans ce courant bouddhique, né lui aussi dans une période de chaos, la source d'un nouvel élan. Longtemps marqué par la féodalité, le Japon s'éveilla également au monde extérieur, acceptant dès lors d'ouvrir sa boîte à secrets et d'offrir au reste de la planète le récit de ses croyances. C'est ainsi que des Occidentaux vont découvrir, derrière la complexité d'un enseignement marqué par une longue tradition, la sève même du bouddhisme, tolérance et pacifisme, compassion, sérénité de l'éveil au cœur du réel, tout ce que Nichiren entendait déjà régénérer en son temps. Des phrases de ce grand sage vont émerger dans notre langue et s'ancrer dans nos consciences. Certaines relèvent d'un humanisme universel : « La vie est le plus précieux de tous les trésors. » D'autres s'inscrivent plus nettement dans la tradition bouddhique : « Si vous souhaitez vous libérer des souffrances de la naissance et de la mort endurées de toute éternité, vous devez vous éveiller au principe mystique inhérent à toute vie. » Ou : « Le but de la venue du bouddha Shākyamuni en ce monde fut d'offrir un modèle de comportement humain. »

Telle est donc l'histoire dans laquelle je me suis inscrit. J'eus l'occasion de rencontrer les premiers pratiquants de ce courant bouddhique en France, Français en quête de valeurs nouvelles, parfois en lutte contre la désespérance, ou Japonais lumineux, conscients des horreurs passées du militarisme et du nationalisme qui avaient ruiné leur pays, et devenus porteurs d'un message de paix destiné à tous. Dépassant nos différences de culture et d'origine, nous nous réunissions dans des centres bouddhiques, le temps d'une pratique, d'un séminaire, d'une séance d'étude. Nous participions également, dans nos quartiers respectifs, à des réunions d'échange. Chacun possédait chez soi l'autel et l'objet de culte appelé *Gohonzon* au cœur duquel Nichiren avait inscrit son propre état de bouddha, comme un écho à celui qui réside en nous-mêmes. Ici, le « portrait » du Bouddha apparaît sous forme calligraphiée et la danse des idéogrammes offre une image riche où les mots écrits perpétuent « la voix pure et portant loin » de l'Éveillé, une autre de ses trente-deux caractéristiques.

Vers la même époque, et sans concertation aucune, fleurirent également les dōjōs du bouddhisme zen et les centres du bouddhisme tibétain. Il en existe aujourd'hui des centaines, et il n'est plus une seule région française qui ne compte plusieurs lieux de pratique officiels. Il s'agit parfois d'un temple de construction classique, telle la grande pagode de Vincennes, qui fut d'abord un bâtiment érigé pour l'Exposition coloniale de 1931. Conservée, puis reconvertie en temple bouddhique dans les années 1970, elle contient depuis 2009 des reliques du Bouddha, offertes par la Thaïlande et reposant désormais sous la statue principale qui orne le temple : un bouddha doré de 9 mètres de haut. Dans les années 1980, les Tibétains ont ajouté sur ce site un temple qui leur est propre, reconnaissable à la roue de la Loi entourée de deux biches qui en surmonte l'entrée. Dans un grand chatoiement de couleurs, à l'étage, des lamas tibétains y dirigent des cours et des séances de méditation devant des fidèles occidentaux assis en tailleur sur des coussins. En région parisienne, la pagode d'Évry constitue un autre monument notoire à la gloire du bouddhisme, dans une ville qui accueille également cathédrale et mosquée. Elle appartient à l'école bouddhique vietnamienne Khan Anh qui y a reçu récemment le dalaï-lama, comme un symbole d'une certaine unité bouddhique au-delà de la différence des courants. Cette somptueuse pagode orangée surmontée de la roue de la Loi s'affirme d'ores et déjà comme la plus grande d'Europe.

Hors ces lieux de culte bien reconnaissables, il existe un bouddhisme fondu dans l'architecture de la ville, dont les centres occupent des immeubles traditionnels, transformés en lieux de prière et d'étude. C'est dans un immeuble de ce type, au cœur du quartier de l'Opéra, que se réunissent régulièrement bon nombre de pratiquants laïcs du bouddhisme de Nichiren. On y récite des extraits du Sūtra du Lotus et le mantra de notre école ; on y étudie les enseignements où il est révélé pour l'essentiel que tout être humain possède en soi un état de vie appelé état de bouddha, sommet de la sagesse, joie parmi les joies, et peut le faire surgir par la prière bouddhique. Outre les cérémonies et activités internes, ce centre accueille aussi parfois des conférences, dans le cadre notamment d'échanges interreligieux.

Un peu partout, à Paris, d'autres écoles bouddhiques se sont également implantées. C'est ainsi que j'ai découvert le dōjō zen de la rue de Tolbiac, qui se réclame de la lignée du maître japonais Deshimaru, une grande figure historique du zen en France. Le lieu est simplement signalé par une pancarte et par la présence discrète d'une petite boutique attenante où se côtoient livres, coussins de pratique *(zafu)* et autres objets religieux. En proche banlieue, mon attention a parfois été attirée par de simples pavillons, ornés d'une pancarte significative : temple bouddhique coréen, centre bouddhique vietnamien. On peut même rencontrer des bonzes dans le métro ainsi, bien sûr, qu'une multitude de bouddhistes anonymes, sans signe extérieur de reconnaissance, sinon, peut-être, le souci de mieux lutter pour contrôler les états mentaux, le stress qui nous précipitent les uns contre les autres comme des loups en lutte, ou les peurs qui nous isolent du monde.

Loin des sommets rêvés de l'Himalaya et du calme des temples, c'est là, dans la rue, le métro, au travail et sur tous les lieux de la vie quotidienne que le bouddhiste occidental met sa foi à l'épreuve. Ces centres bouddhiques que nous avons évoqués, il entend les porter en lui-même. C'est le *credo* de sa vie, sa manière de résister à la menace constante de l'aliénation dont le célèbre critique et sémiologue Roland Barthes voyait le summum dans l'invasion de la publicité qui, on le sait, asservit l'esprit à force de l'entraîner obsessionnellement vers un point donné. Par un procédé de répétition apparemment similaire, le mantra bouddhique conduit au contraire à l'élévation, à la transcendance, à la découverte de tout l'univers et de l'éternité en soi. D'aucuns pourront penser alors qu'il ne s'agit là que d'un état d'esprit mais nos dispositions mentales n'influencent-elles pas nos actes et nos pensées ? Comment pourrait-il en être autrement de l'état de bouddha ? Dans le courant bouddhique auquel j'appartiens, l'accent est souvent mis sur l'action. Aussi ai-je moi-même prié pour faire le meilleur usage possible de ma vie et c'est ce qui m'a conduit, entre autres, à ce travail d'écrivain qui consiste à mes yeux à essayer de faire œuvre de justice, modestement, avec les mots. C'est pourquoi je me suis soucié du sort des immigrés et des exclus de notre société à travers plusieurs livres. Ma vocation littéraire, qui remonte à mon enfance, est antérieure à ma conversion au bouddhisme, mais ma pratique de cette religion m'a conduit vers une dimension humaniste de l'écriture alors que j'étais davantage tenté par la simple exploration de mes névroses personnelles. J'ai aussi puisé dans ma prière la force d'affronter un milieu littéraire souvent fermé, le courage également de surmonter la tentation de faire silence. De ne plus écrire.

Quelqu'un m'a dit un jour compter des bouddhistes dans son entourage et ne pas les trouver plus rayonnants que d'autres. J'avoue ne pas être toujours moi-même un modèle de sérénité. Il est vrai aussi que la vie change à chaque instant – cet enseignement de l'impermanence réside d'ailleurs au cœur du bouddhisme – et que seules

les statues semblent capables de maintenir des siècles durant la même expression de quiétude, de joie, d'exubérance. D'où, sans doute, leur raison d'être. Mais l'important, pour le bouddhiste, est l'assiduité, l'effort sur soi-même, sans cesse renouvelé. Il n'est pas d'autre lutte que celle qu'il a engagée contre les chaînes de ses tendances négatives. Ces chaînes même deviennent le moyen de faire surgir toute sa force et sa vitalité. La terre de Bouddha n'est nulle part ailleurs qu'ici même, dans l'or de nos épreuves quotidiennes.

Reste que les trépidations de la vie moderne ne favorisent pas toujours la méditation et la sérénité ; la plupart des écoles ont donc ouvert hors des grandes villes, souvent en pleine campagne, des centres et des temples destinés à des séminaires ou à des retraites. Ainsi, les pratiquants du bouddhisme de Nichiren se retrouvent dans leur centre en Provence, au pied de la montagne Sainte-Victoire immortalisée par Cézanne, pour des sessions de prière, d'étude et d'échange qui s'étendent sur trois ou quatre jours. Les pratiquants du zen ont, quant à eux, ouvert leur plus grand centre européen en Sologne, dans un château où se rendent en été, pour une dizaine de jours, les candidats à des séances de méditation intensive. D'autres écoles optent pour des retraites plus longues, comme l'école Karma Kagyu du bouddhisme tibétain qui, dans les monastères du Bost et de Laussedat, sur les plateaux de Combrailles, en Auvergne, proposent la célèbre retraite de trois ans, trois mois et trois jours, à des hommes et à des femmes aspirant généralement à entrer dans la vie religieuse. Le monastère du Bost abrite désormais une communauté de moines et celui de Laussedat une communauté de nonnes.

Combien y a-t-il de bouddhistes aujourd'hui en France ? Vietnamiens, Chinois et autres Asiatiques, dont c'est la religion d'origine, augmentent bien sûr considérablement le nombre. Pour eux, la croyance a aussi valeur de tradition et les rencontres au temple relèvent souvent d'un certain esprit communautaire. Mais on sait que l'émigration est créatrice d'une nouvelle identité, ni tout à fait d'ici, ni tout à fait d'ailleurs : dans cette logique sans doute, les Asiatiques inaugurent parfois dans notre pays de nouveaux courants de foi. C'est ainsi qu'une école de bouddhisme vietnamienne, l'école Linh Son, s'est épanouie en France où elle possède deux temples, à Joinville-le-Pont et à Vitry, avant de s'expatrier ailleurs en Europe et jusqu'en Inde, où je découvris l'un de ses temples en construction. Tous ces mouvements, nouveaux ou plus traditionnels, permettent d'évaluer à plusieurs centaines de milliers le nombre de bouddhistes dans notre pays, mais combien de Français d'origine, sans lien ancestral avec le bouddhisme, figurent parmi eux ? Ici, le nombre décroît considérablement. Cinquante mille ? Soixante mille ? Les pratiquants réguliers sont rares. Beaucoup restent au bord, vont et viennent, prennent plaisir à poser sur un buffet une statuette du Bouddha. Parfois, la lecture d'un livre crée le sentiment d'adhérer à une philosophie. Mais en imprégner sa vie intérieure, joindre ici les mains en signe de prière ou, ailleurs, s'asseoir en tailleur dans une méditation silencieuse… Il est un pas difficile à franchir qui conduit à cette réalité paradoxale du bouddhisme en France : tout au plus quelques dizaines de milliers de croyants, si l'on excepte les populations d'origine asiatique pratiquant la religion de leurs ancêtres, mais des millions de sympathisants. Une enquête d'opinion révélait il y a quelques années que le bouddhisme était la religion dont environ un Français sur dix se sentait le plus proche. Le plus souvent, sans l'avoir jamais pratiquée. Sans doute est-ce un effet de cette rencontre conjuguée de deux courants : ces Occidentaux partis depuis des siècles en Orient en quête de la religion du Bouddha, prêts à se déguiser comme Alexandra David-Néel pour en percer les secrets, ces Orientaux exilés de force comme bon nombre de lamas tibétains ou de leur plein gré tel Eiichi Yamazaki, ce grand médecin japonais, chercheur de premier plan, venu en France avec le désir de se fondre dans son nouveau pays au point de se faire naturaliser. Le bouddhisme est alors un point de rencontre pacifique qui semble gommer les batailles sanglantes du passé. Il se mêle au paysage comme un ruisseau qui coule et en épouse les formes, ne refuse pas les sinuosités du terrain, adapte sa vitesse à la raideur de la pente. Il ne conquiert pas, il nourrit. Il ne s'impose pas, il propose. Nous ne sommes pas ici dans le cadre d'une religion révélée mais d'un choix de vie. Peut-être est-ce ce qui crée son attrait particulier.

Après avoir adhéré au bouddhisme en France, beaucoup de Français aspirent à se rendre dans le pays source, où est née l'école bouddhique à laquelle ils appartiennent. À la suite de ma conversion au bouddhisme de Nichiren, j'ai effectué plusieurs voyages au Japon, appelés pèlerinages lorsqu'il s'agissait de se rendre au temple principal dirigé par des moines, ou voyages d'étude dans les centres laïques. C'était une plongée dans une communauté plus ample. De quelques milliers que nous étions en France, nous nous retrouvions des millions à partager cette joie particulière de l'éveil au milieu de Japonais heureux de découvrir que d'autres vivaient aussi d'intenses expériences intimes en se fondant sur l'enseignement bouddhique. Il y eut de ces séjours où nous venions du monde entier, Africains, Européens, Américains, Asiatiques, une petite planète en raccourci, et le bonheur de se sentir de la même famille, hors de tout critère de race et d'origine. D'abord, c'était la rencontre symbolique avec Nichiren lui-même qui nous réunissait, sa vie inscrite sur le *Dai-Gohonzon*, objet de culte unique, gravé en lettres d'or, enchâssé dans un temple, au pied du mont Fuji. Tant d'espoir avait été placé dans ce moment de prière si longtemps attendu que j'en vis certains révéler alors un visage nouveau, plein d'une joie débordante que je ne leur connaissais pas. J'eus moi aussi l'impression de dépasser alors les limites de mes bonheurs habituels, d'atteindre le bout d'un parcours et de ressembler à ce mont Fuji au sommet enneigé, qui se confondait au loin avec le ciel. Mais, par la suite, les autorités ecclésiastiques provoquèrent une scission et la plupart des laïcs, ainsi qu'un groupe de moines réformateurs, recréèrent dans leurs centres de prière la même intensité, la même ferveur. Il fallut comprendre plus profondément que la foi ne dépendait de rien d'extérieur, fût-ce un objet de culte, que chacun avait en soi un immense réservoir de croyance dont personne ne pouvait lui interdire l'accès.

Ces voyages d'étude au Japon se présentent toujours comme des moments incomparables où des êtres humains du monde entier prient ensemble pour éveiller leur état de bouddha et promouvoir la paix sur la planète. Une paix qui ne se définit pas ici comme une simple absence de guerre mais comme une exigence d'harmonie, fondée sur le concept bouddhique d'origine interdépendante de toute chose. Au-delà des dualités apparentes, le bouddhisme enseigne l'existence d'une unité profonde entre l'être humain et son environnement, le corps et l'esprit, le maître et le disciple…

Je ne me suis jamais rendu au Tibet ni au Vietnam. Je ne connais pas davantage la Bouriatie, ce territoire sibérien d'environ un million d'habitants, situé à l'est du lac Baïkal, à la limite de la Mongolie, extrémité septentrionale des terres bouddhistes, marquée par l'influence tibétaine. Mais après mes voyages au Japon, pour mon cinquantième anniversaire, j'ai voulu tenter l'expérience indienne, retourner à la source de tous les bouddhismes, sur les lieux de vie de Shākyamuni, celui par qui est venu l'éveil. Au-delà des différences d'école et des cultes particuliers, en dehors du monde strict de la croyance, j'ai cherché ainsi à toucher le point qui nous rassemble tous. Je souhaitais, pratiquant d'un bouddhisme particulier, rencontrer ceux d'ailleurs, moines ou laïcs, hommes ou femmes, jeunes ou vieux, une sorte de famille élargie. Traducteur de textes bouddhiques, j'avais sans doute quelques raisons professionnelles d'effectuer ce voyage, même si l'on n'exige guère des traducteurs autant de zèle. Mais j'aimais surtout, dans le parti pris de mon voyage en Inde, le caractère personnel de la démarche.

Cinquante ans, c'est l'âge où, au temps de Shākyamuni, de nombreux Indiens partaient dans les forêts en quête de l'éveil – le Bouddha lui-même se distingua en accomplissant le même périple quelque vingt ans plus tôt. C'est aussi vers la cinquantaine que Nichiren conjura une tentative de décapitation et s'ouvrit à sa raison d'être fondamentale. Quant à Confucius, il écrivit que, à 40 ans, il s'était libéré du doute et qu'à 50, il connaissait le décret des Cieux. Il me fallait en quelque sorte marquer cet anniversaire décennal d'une initiative particulière, quoique plus modeste, et c'est ce qui me conduisit aux sources du bouddhisme.

Ma dernière étape me mena, paradoxalement, sur le lieu de la naissance du Bouddha. En quelques semaines et à travers deux séjours, j'avais donc vu la réplique de l'arbre de la *bodhi* à Bodhgaya, l'emplacement du premier sermon à Sarnath, à côté de la magique Bénarès, ville sainte de l'hindouisme. Rajgir et le pic du Vautour, véritable sommet d'émotion. Srāvastī, où s'élevait le monastère du Jetavana, et Vaishālī, où le Bouddha prononça son dernier sermon, tous deux sites incontournables. C'est peut-être à Kushinagar, à l'emplacement du parinirvāna, que j'ai touché au cœur de mon voyage, parce qu'il y règne un parfum de mort et de joie à la fois et qu'il m'importait justement, au cours de ce séjour, d'approfondir la question de la mort. À Kushinagar, le dernier soupir du Bouddha souffla sur moi comme une brise légère, non comme une tempête. J'y ai pénétré, m'y suis glissé en esprit. J'ai goûté à cette invitation qui m'était adressée de mourir un jour de la même façon, y ai mêlé mes proches à qui je souhaite la même fin apaisée, le même évanouissement joyeux.

Mais Lumbinī ? Le Bouddha est né là, dans un jardin, alors que sa mère avait quitté le palais royal pour se rendre chez ses parents. Sentant l'enfant venir, elle se serait retenue à la branche d'un arbre, tandis qu'il descendait au monde. Elle ne mourut pas aussitôt, mais quelques semaines plus tard, de cette naissance trop lourde. Le Bouddha ne demeura pas dans les jardins sacrés, offerts à ses premiers regards, mais regagna bien vite sa place de prince, à une vingtaine de kilomètres de là, dans le palais de Kapilavastu.

Le Bouddha est-il réellement né à Lumbinī ? se sont souvent demandé les Occidentaux. Et quelle preuve en a-t-on ? Une colonne, autrefois surmontée d'un cheval, y fut érigée quelque trois cents ans après Shākyamuni. Elle atteste que le roi Ashoka est venu sur place et qu'il considéra effectivement ce site comme celui de la naissance du Bouddha, mais comment pouvait-il en être certain ? N'a-t-il pas été trompé lui-même par quelque légende indienne qui avait élu les jardins de Lumbinī pour leur beauté et leur prêtait depuis longtemps une dimension mystique ? Avant la naissance du Bouddha, on y célébrait déjà le culte d'une déesse et tout semblait donc prêt pour y accueillir également ce nouveau maître religieux. Les savants occidentaux exprimèrent leur scepticisme habituel, mais ici l'Orient imposa la force de sa tradition, la limpidité de sa foi. Réelle ou légendaire, la naissance du Bouddha continue d'être célébrée à Lumbinī et, plus on l'y célèbre, plus elle y impose sa présence. La vie tout entière du Bouddha semble d'ailleurs couler de la même sève. Les signes tangibles sont rares mais un consensus s'est dessiné. On s'est entendu pour tisser dans le même réel les faits les plus visiblement symboliques et ceux qui semblent relever de la vie ordinaire. Il existe certes des variantes d'écoles, notamment entre bouddha terrestre et bouddha surhumain, comme nous l'avons vu. Le Bouddha des premières marche, monte à cheval ou à dos d'éléphant ; celui des secondes vole dans les cieux, assèche les rivières pour les traverser, cumule les prodiges. Mais pour les unes et les autres, la source est identique et bien localisée qui, en s'élargissant, va s'ouvrir en de multiples bras.

La frontière du Népal est franchie sans encombre. Les douaniers connaissent bien ces pèlerins venus du monde entier et leur sourire s'éclaire lorsqu'ils entendent le nom de Lumbinī, une bouffée d'oxygène dans un métier où ils passent le plus clair de leur temps à traquer le trafiquant de drogue, le rebelle maoïste, le bandit de grand chemin. Quelques dollars, deux photos d'identité, la promesse signée de repasser la frontière en sens inverse dans les trois jours, et à nouveau la liberté. Une sensation de griserie m'envahit, rien ne me sépare plus désormais du site de la naissance qui marque aussi la fin de mon voyage. Par bonheur, c'est l'heure du crépuscule. Lumbinī s'offre d'abord à moi sous un drap noir, comme pour mieux se dévoiler le lendemain matin. La naissance va de pair avec le soleil levant.

L'enceinte est immense. Plusieurs kilomètres d'une grille en fer forgé frappée de l'insigne du lotus, pour un simple petit être humain né par hasard au milieu de toute cette nature foisonnante. Une partie du parc, boisée et sans histoire, s'offre librement à la promenade. Mais il est une enceinte dans l'enceinte, avec entrée payante, où se pressent en quelques mètres tous les lieux d'importance. Un bâtiment blanc moderne offre son toit aux ruines d'un ancien temple. Là, sous une vitre, une empreinte de pied marque, dit-on, l'emplacement de la naissance tandis que, au-dessus, une statue noire de la reine Māyā, la mère du Bouddha, rappelle la face tragique de l'événement. Des pèlerins glissent des pièces dans les briques, esquissent un geste de prière, récitent un mantra. À côté du bâtiment, la colonne d'Ashoka ne ressemble plus guère qu'à un tuyau de cheminée, le cheval qui la surmontait ayant chu de son socle. On remarque cependant des inscriptions sur son flanc, et des fidèles à genoux rappellent que ce sont les êtres humains qui décident, en dernier recours, de la valeur des choses au-delà de leur apparence ; plus loin, un bassin autour duquel un groupe se presse pour une photographie et un inévitable arbre de la *bodhi*, comme sur tous les lieux saints du Bouddha, avec dans son creux des offrandes que les écureuils viennent grignoter. Au-delà, les drapeaux de prière multicolores des bouddhistes tibétains volent au vent. Dans cet espace miniature se presse un concentré d'humanité. Quelques Occidentaux, des Népalais du sud et du nord, les premiers au physique identique à celui des Indiens, les seconds au teint plus clair comme les guides de montagne présentés dans les reportages télévisés. Le Népal, pays du Bouddha et de l'Everest, le toit du monde, qu'il partage avec le Tibet. Ajoutons encore, parmi ces pèlerins, ceux d'Extrême-Orient, qui ne se déplacent ici que par groupes solidaires, en rangs compacts, disciplinés. Ce sont de petites armées humaines, des bataillons pacifiques venus célébrer le Bouddha. Leur démarche est, en un sens, l'inverse de la mienne. Leurs regards ne cherchent que deux points : le Bouddha et le groupe. Leur concentration ne fait aucun doute et tranche avec mes rêveries.

Je m'éloigne du lieu de naissance supposé. Dans le grand parc baigné de soleil résonne le son des marteaux et outils en tout genre. Il y a là tout un monde en cours de construction ou de rénovation. Des temples s'élèvent dans des havres de verdure et j'en reconnais les styles : les pagodes chinoise, coréenne et vietnamienne, respectivement à deux, trois ou quatre toits, le dôme doré d'un temple birman, l'entrée surmontée de la roue de la Loi entourée de deux biches d'un temple tibétain, le monastère thaï dont la blancheur et les fines sculptures évoquent la dentelle, l'immense temple népalais. Ici se bâtit un espace de paix, fondé sur l'idéal bouddhiste. Sur la partie est, les temples du Theravāda ; à l'ouest, l'espace du Mahāyāna. Un canal est creusé entre les deux, où s'affairent une foule de travailleurs indiens aux gestes lents et méticuleux.

Je pénètre dans quelques temples, reconnais aisément la statue du Bouddha enfant, un doigt pointé vers le ciel, un autre vers le sol. Après le Bouddha couché du parinirvāna, le Bouddha paumes ouvertes du premier sermon, le Bouddha assis en tailleur, mains posées l'une sur l'autre de l'Éveil, voici la quatrième et dernière pose symbolique des lieux saints du Bouddha. Une autre représentation, toutefois, m'a particulièrement touché. Le Bouddha, en tailleur, désignant d'une main le sol : le Bouddha prenant la terre à témoin. On pourrait encore évoquer ici toute la suite des mudrās, ces gestes de la foi, auxquels certaines écoles bouddhiques attachent un sens profond. C'est que toutes ces statues sont, pour la plupart des croyants, bien plus que des œuvres d'art. Sitôt achevées, elles ont souvent été sanctifiées par une cérémonie dite d'« ouverture des yeux », conduite par des moines pour leur conférer leur valeur d'objet de culte. Selon le bouddhisme, tout possède en effet l'état de bouddha, y compris les êtres non-sensitifs – plantes, arbres, pierres –, dont on se sert pour édifier les statues. Dès lors, la cérémonie religieuse dote de vertus spirituelles l'œuvre à laquelle on prête ensuite les caractéristiques d'un bouddha vivant. Le simple mortel peut désormais s'agenouiller et prier. Ainsi s'éclairent d'un jour nouveau tous ces bouddhas géants, dorés, parés, aperçus au cours de notre voyage. Et nul doute que les destructeurs des bouddhas de Bāmiyān, en Afghanistan, savaient qu'ils réduisaient en poussière, non point des œuvres d'art reconnues par l'Unesco, mais l'image visible d'une autre foi que la leur.

Je parcours Lumbinī des yeux, contemple ce paysage ouvert où des paysans hindous font paître leurs vaches. Ces scènes de vie fugaces rehaussent les bouddhas. Au crépuscule, le son d'un gong résonne dans le temple chinois. Mon esprit se concentre sur la naissance du Bouddha. Il me semble au fond qu'aucune statue ne peut totalement la figer. Le bouddhisme est mouvement, latence, éternité de l'invisible derrière les phénomènes quantifiables. Dans la grande débauche de luxe de certains temples se cache parfois un désir de paraître, de montrer sa richesse, de figer la foi dans la fortune matérielle. D'arrêter le temps éternel.

Qu'ai-je donc retenu de ce voyage au pays du Bouddha ? Des champs de canne et des manguiers, des maisons de paysans pauvres couvertes de paille, un mélange campagnard d'êtres humains et de bêtes mêlés, le mouvement de la vie, finalement, et le fol espoir des hommes, traversé en ces terres par l'hindouisme, l'islam et le bouddhisme. Les lieux bouddhiques proprement dits tranchaient avec le tumulte et les fumées alentour. C'était des havres de verdure où régnaient le silence et le recueillement. Les Indiens, par une sorte de pudeur, semblaient se cacher, sans bruit, dans des maisons en contrebas, pour mieux libérer l'espace aux croyants du monde entier.

Les sites bouddhiques sont résolument pacifiques. Le fil secret de l'harmonie s'y tisse tous les jours. Je n'ai rencontré aucune école de ce mouvement dotée d'une autre aspiration. Peut-être le moment est-il alors venu de convoquer une nouvelle statue, non point du Bouddha celle-là, mais de l'un des innombrables bodhisattvas issus de son enseignement. Avalokiteshvara est l'image même de la compassion. Son souci de sauver les autres est tel qu'on le représente souvent avec une multitude de bras, à l'instar du dieu Shiva des hindous, ou encore pourvu de nombreux visages. Dans sa version à onze visages, trois d'entre eux, devant, représentent la face bienveillante du bodhisattva ; sur le côté gauche, les trois faces de la colère ; à droite, trois autres faces menaçantes d'où émergent des crocs ; à l'arrière, un visage grimaçant et rieur et, sur le sommet du crâne, le masque du Bouddha. Ainsi Avalokiteshvara-à-onze-faces veille sur tous les points de l'univers, à l'écoute de tous, soucieux que les êtres humains ne se laissent pas emporter par leur souffrance. Au Japon, on l'appelle Kanzeon ou Kannon, et son nom sanscrit se traduit par « Sensible aux sons du monde ». Lui aussi a traversé les frontières et réuni dans son culte des écoles bouddhiques diverses. Avalokiteshvara est né de l'enseignement du Bouddha. Il en est l'une des perles, en illustre la portée, nous appelle à l'imitation. Cette diversité de visages saisit mieux à mon sens le mouvement de la vie que les bouddhas gigantesques mais uniformes qui ne révèlent qu'un aspect de l'éveil : sourire bienfaisant, modestie, bonté, sérénité… La vie quotidienne revêt de multiples facettes et il nous faut bien, en une seule journée, extraire de nous-mêmes chacun de ces visages pour demeurer au cœur du réel.

Mais empreinte de l'état de bouddha, la colère se tourne vers l'injustice au lieu d'être simple gonflement de l'*ego*, tandis que la bienveillance se porte vers ceux qui souffrent. Hermann Hesse l'avait déjà perçu, lui qui décrivait à la fin de son *Siddhartha* une ronde des visages, peut-être inspirée par cette représentation d'Avalokiteshvara.

Dans l'avion qui me ramenait de Delhi à Paris, au terme de ce voyage aux sources du bouddhisme, des cartes détaillaient notre itinéraire : survol du Pakistan, de l'Afghanistan, des anciennes républiques soviétiques d'Asie centrale, de la Turquie, de l'Europe dans son prolongement. Où commence réellement un tel voyage et où s'arrête-t-il ? Le bouddhisme me conduit à la fois vers le bonheur et la sérénité, et vers les pires épreuves à venir. Maladie, vieillesse, mort… D'où vient que ce trajet ne m'inspire plus la même inquiétude que jadis ? Est-ce dû au changement intérieur invisible qu'on appelle la foi ? Aucun de mes sentiments humains ne m'a pourtant quitté. Je connais toujours la peur et la jubilation, le chagrin parfois, peut-être l'une des faces qui manque à Avalokiteshvara. Et c'est lourd de tous ces visages exprimés ou cachés que, au bout des chemins du bouddhisme, je regagne mon foyer.

Après vingt-huit années de pratique assidue du bouddhisme à travers les joies et les peines de l'existence quotidienne, l'envie me prend d'exhumer cette statue intérieure qui pourrait être mon autoportrait en Bouddha : lunettes au bout du nez, le corps droit en mouvement, un peu comme cette œuvre en marche contemplée un jour au musée Guimet. Mais ici la taille est ordinaire et la sculpture de sable. Elle n'est pas appelée à perdurer, se refaçonne toujours autrement, comme ces châteaux que les enfants construisent au bord des plages, insubmersibles… jusqu'à ce qu'une vague les renverse et qu'il faille tout recommencer. La sérénité de l'éveil ne se gagne-t-elle pas précisément dans ce renouvellement permanent au cœur même de l'impermanence ?

Bourg-la-Reine, Hauts-de-Seine
Juillet 2010

DANS LA MÊME COLLECTION

1. Anne-Laure Boch – **L'EUPHORIE DES CIMES**
   Petites considérations sur la montagne et le dépassement de soi
2. Jean-Pierre Valentin – **LE MURMURE DES DUNES**
   Petit éloge du désert et de ceux qui y vivent
3. Émeric Fisset – **L'IVRESSE DE LA MARCHE**
   Petit manifeste en faveur du voyage à pied
4. Stéphan Carbonnaux – **LE CANTIQUE DE L'OURS**
   Petit plaidoyer pour le frère sauvage de l'homme
5. Bertrand Buffon – **LE GOÛT DE LA POLITESSE**
   Petit précis des bonnes manières à l'usage du vaste monde
6. Baptiste Roux – **LA POÉSIE DU RAIL**
   Petite apologie du voyage en train
7. Anne Le Maître – **LES BONHEURS DE L'AQUARELLE**
   Petite invitation à la peinture vagabonde
8. Arnaud Cousergue – **L'ESPRIT DU GESTE**
   Petite sagesse des arts martiaux
9. Patrice de Ravel – **LA CARESSE DE L'ONDE**
   Petites réflexions sur le voyage en canoë
10. Marie Chastel – **LE SECRET DES PIERRES**
    Petite célébration du monde minéral
11. Philippe Nicolas – **L'ENCHANTEMENT DE LA RIVIÈRE**
    Petit bréviaire de la pêche à la mouche
12. Sébastien Jallade – **L'APPEL DE LA ROUTE**
    Petite mystique du voyageur en partance
13. Albéric d'Hardivilliers – **L'ÉCRITURE DE L'AILLEURS**
    Petits propos sur la littérature nomade

DANS LA MÊME COLLECTION

14. Mélanie Delloye – **LE RYTHME DE L'ÂNE**
Petit hommage aux baudets, grisons et autres bourricots

15. Nicolas Weill-Parot – **LA MAGIE DES GRIMOIRES**
Petite flânerie dans le secret des bibliothèques

16. Françoise Sylvestre – **LE PARFUM DES ÎLES**
Petite rêverie sur les atolls et les archipels

17. Matthieu Raffard – **LA SOIF D'IMAGES**
Petites révélations sur la lumière et la photographie

18. Christophe Houdaille – **LE CHANT DES VOILES**
Petites pensées sur la navigation hauturière

19. Marc Alaux – **LA VERTU DES STEPPES**
Petite révérence à la vie nomade

20. Julien Leblay – **LE TAO DU VÉLO**
Petites méditations cyclopédiques

21. David Gille – **L'ÂME DE LA CHANSON**
Petite esthétique des refrains populaires

22. Marc Tardieu – **LA SÉRÉNITÉ DE L'ÉVEIL**
Petit parcours initiatique sur les chemins du bouddhisme

23. Baptiste Roux – **LES ARCANES DU MÉTRO**
Petite chronique de la vie souterraine

24. Laurence Bougault – **LA LIBERTÉ DU CENTAURE**
Petit traité sur le voyage à cheval

25. Bernard Delloye – **LA JOIE DU VOYAGE EN FAMILLE**
Petites digressions sur l'école buissonnière

26. Julie Boch – **LES SORTILÈGES DE L'OPÉRA**
Petit aparté sur l'art lyrique

Couverture : Bouddha / Alinta Giuca – iStockphoto
Collection : « Petite philosophie du voyage »
Conception graphique : Matthieu Raffard
Réalisation : Transboréal
ISSN : 1956-0664
ISBN : 978-2-36157-009-5
Dépôt légal : novembre 2010

TRANSBORÉAL
EST UNE MAISON D'ÉDITION
QUI VEUT PROMOUVOIR LE TRAVAIL D'AUTEURS,
D'ILLUSTRATEURS ET DE PHOTOGRAPHES
AYANT FAIT PREUVE D'ABNÉGATION ET DE COURAGE
LORS D'ÉTUDES OU DE VOYAGES AU LONG COURS
MARQUÉS PAR UNE RÉELLE CONNIVENCE
AVEC LE MILIEU HUMAIN OU
LE MONDE NATUREL

© 2010, Transboréal
23, rue Berthollet – Paris (V^e)
téléphone : 01 55 43 00 37
télécopie : 01 55 43 00 38
contact@transboreal.fr
www.transboreal.fr

ACHEVÉ D'IMPRIMER EN OCTOBRE 2010 SUR LES PRESSES
DE LA NOUVELLE IMPRIMERIE LABALLERY
À CLAMECY (58)
NUMÉRO D'IMPRESSION : 009258